Les Petits  cousins

Les plus belles comptines italiennes

ILLUSTRATIONS

Aurélia Fronty
p. 6, 12, 18, 20, 22, 26, 28, 32, 34, 36

Nathalie Novi
couverture, p. 4, 8, 10, 14, 16, 24, 30, 38, 40

Cécile Hudrisier
p. 45 à 54 (gestuelles)

COLLECTAGE ET COMMENTAIRES

Liliana Brunello
Professeur d'italien,
formatrice pour l'enseignement des langues

Magdeleine Lerasle
Enseignant-chercheur,
spécialiste de l'enseignement des langues aux enfants

Didier Jeunesse

Farfallina bella bianca

Farfallina bella bianca,
Vola vola e mai si stanca,
Vola qua, vola là,
Poi s'arresta sopra un fiore,
Poi s'arresta sopra un fior.

A beli bela

A beli bela,
Roi des papillons,
En s'faisant la barbe,
Il s'est coupé l'menton,
Tout rond.
You !

PLEURE, PLEURE, PETIT RAMONEUR

Pleure, pleure, petit ramoneur.
Ris, ris, petite souris.
Riras-tu, petit bossu ?
Guili, guili, guili !

La mia nonna l'è vecchierella

La mia nonna l'è vecchierella,
La mi fa : « Ciao ! » (bis)
La mi fa : « Ciao, ciao, ciao ! »
La mi manda alla fontanella,
Prender l'acqua per desinar.

Fontanella non voglio andare,
Ti dico : « Ciao ! » (bis)
Ti dico : « Ciao, ciao, ciao ! »
Fontanella non voglio andare,
Prender l'acqua per desinar.

Ti darò cinquanta scudi […]
Prender l'acqua per desinar.

Cinquanta scudi son troppo pochi […]
Prender l'acqua per desinar.

Ti darò cento scudi […]
Fontanella io voglio andar !

À Paris y'a-t-une vieille

À Paris y'a-t-une vieille (bis)
Âgée de quatre-vingts ans,
Tant agréable,
Âgée de quatre-vingts ans,
Tant agréablement !

Tous les jours elle se mire (bis)
Avec un miroir d'argent [...]

Elle appela sa servante (bis)
Et lui fit cette question [...]

— Dites-moi donc si je suis belle (bis)
Avec mes quatre-vingts ans [...]

— Non vous n'êtes pas la plus belle (bis)
Avec vos quatre-vingts ans [...]

12. Il cavallo del bambino

Il cavallo del bambino
Va pianino. (bis)
Il cavallo del vecchietto
Va zoppetto. (bis)
Il caval del giovanotto
Va di trotto. (bis)
Il caval del mio compare
Come il vento sa volare !

Les petites demoiselles

Les petites demoiselles
Vont petit pas, petit pas,
Beurdique, beurdoque. (bis)

Les p'tits messieurs
Vont p'tit trot, p'tit trot...

Les gros paysans
Vont au galop, au galop...

Ambarabà cicì cocò

Ambarabà cicì cocò
Tre civette sul comò
Che facevano l'amore
Con la figlia del dottore,
Il dottore si ammalò
Ambarabà cicì cocò.

Picnicdouille

Picnicdouille,
C'est toi l'andouille !
Je ne me marierais pas
Avec une andouille comme toi !

L'uccellin che vien dal mare

L'uccellin che vien dal mare
Quante penne può portare ?
Può portarne solo tre :
Una per me,
Una per te,
E una alla figlia del re.

MORTADELLA E PAN BISCOTTO

Uno, due, tre, quattro,
Cinque, sei, sette, otto,
Mortadella e pan biscotto,
Pan biscotto e mortadella,
Era morto Pulcinella.
Pulcinella aveva un podere
Che tutti i giorni andava a vedere.
E quando mancava uno,
Dava la colpa al muro ;
Quando mancavano due,
Dava la colpa al bue ;
Quando mancavano tre,
Dava la colpa al re...
Uno, due, tre, tocca a te !

POLICHINELLE

Polichinelle monte à l'échelle ;
Un peu plus haut, se casse le dos ;
Un peu plus bas, se casse le bras ;
Encore plus haut, casse un barreau !
Et pour sa peine il recevra
Trois coups de bâton :
En voici un !
En voici deux !
En voici trois !

La gallina

Io avevo, io avevo una gallina
Dalla piuma, dalla piuma morbidina,
Dalla sera alla mattina
Lei cantava, lei cantava così ben.
Corocococo (ter) corocococodè !

Ma un giorno, ma un giorno torno a casa,
Più non trovo, più non trovo la gallina
Che cantava poverina,
Che cantava, che cantava così ben.
Coroco...

Io domando, io domando alla mia mamma
Dove è andata a finire la gallina.
— E' in pignatta che cucina,
Che cucina, che cucina così ben.
Coroco...

Ve lo giuro, ve lo giuro amici cari,
Che ho pianto, che ho pianto disperata,
Però quando l'ho mangiata :
Ma che buona, ma che buona, oh là là !

Io a-ve-vo, io a-ve-vo u-na gal-li-na Dal-la piu-ma, dal-la piu-ma mor-bi-di-na, Dal-la se-ra al-la mat-ti-na Lei can-ta-va, lei can-ta-va co-sì ben. Co-ro-co-co-co co-ro-co-co-co-co co-ro-co-co-co co-ro-co-co-co-dè!

J'AI DES POULES À VENDRE

J'ai des poules à vendre,
Des noires et des blanches,
J'en ai tout plein mon grenier,
Elles descendent les escaliers.
Quatre, quatre pour un sou,
Mademoiselle, Mademoiselle,
Quatre, quatre pour un sou,
Mademoiselle en voulez-vous ?

Combien ?
— Trois !
— Une, deux, trois ! […]

UNO TROVÒ UN UOVO

Uno trovò un uovo,
Due lo mise al fuoco,
Tre lo cucinò,
E quattro lo mangiò,
E cinque : « Pio pio pio,
Ne voglio un poco anch'io ! »

MON PREMIER A TROUVÉ UN ŒUF

Mon premier a trouvé un œuf,
Mon deuxième l'a fait cuire,
Mon troisième l'a écalé,
Mon quatrième l'a mangé,
Et le tout petit kiki qui dit :
« Et moi alors, je n'ai rien ? »
Pauvre petit kiki ! (bis)

DIN DON CAMPANON !

Din don campanon !
Quattro vecchie sul balcon :
Una che fila, l'altra che taglia,
Una che fa i cappelli di paglia,
Una che fa coltelli d'argento
Per tagliare la testa al vento !

DIN DIN SAINT SOUNIN !

Din din saint Sounin !
Qui est mort ?
Jean de Port.
Qui l'a dit ?
La souris.
Où est-elle ?
Dans sa chapelle.
Que fait-elle ?
Des chandelles.

Qui les roule ?
Sa filloule.
Qui les vend ?
Son p'tit enfant.
Qui les accroche ?
Le vieux Christophe.
Boum, badaboum, boum, boum !

La notte di Natale

La notte di Natale,
È nato un bel bambino
Bianco rosso e tutto ricciolino.

Maria lavava,
Giuseppe stendeva,
Il bimbo piangeva dal freddo che aveva.

« Non pianger mio figlio
Che adesso ti piglio,
Pane non ho, ma latte ti dò. »

La neve scendeva
Pian piano dal cielo.
Maria col suo velo copriva Gesù. (bis)

Piove piove

Piove piove,
La gatta non si muove,
Accende la candela
E dice : « Buonasera ! »

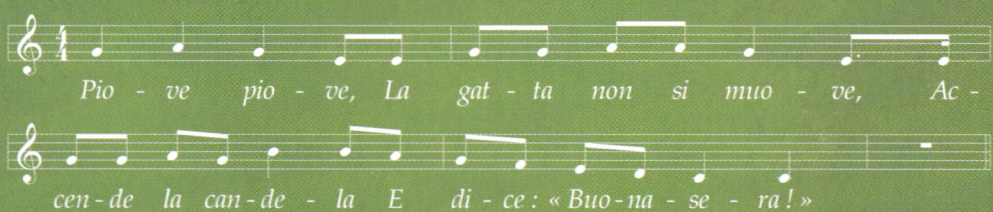

Mouille, mouille, Paradis !

Mouille, mouille, Paradis !
Tout le monde est à l'abri.
Y'a que mon p'tit frère,
Qu'est sous la gouttière,
Qui ramasse de la laine
Pour faire un bonnet
À son frère Jacquet !
Si l'est trop grand,
Il s'ra pour Jean !
Si l'est trop p'tit,
Il s'ra pour Louis !

La Befana vien di notte

La Befana vien di notte
Con le scarpe tutte rotte,
Con le toppe alla sottana,
Brutta e sudicia Befana !

La Befana vien di notte
Con le scarpe tutte rotte,
Col vestito alla romana,
Viva viva la Befana !

NINNA NANNA, NINNA OH

Ninna nanna, ninna oh,
Questo bimbo a chi lo dò ?
Se lo dò alla Befana,
Se lo tiene una settimana.

Se lo dò all'uomo nero,
Se lo tiene un anno intero.
Ninna nanna, ninna oh,
Questo bimbo me lo terrò !

32. FORNAIO, HAI COTTO IL PANE ?

— Fornaio, hai cotto il pane ?
— Sì, ma è un po' bruciato !
— Chi è stato ?
— Salvatore.

Povero Salvatore !
Legato alle catene,
Che soffre le pene,
Le pene da morir.

— Fornaio, è cotto il pane ?
— Sì.
— Come è venuto ?
— Male.
— Chi è stato ? […]

(reprendre avec d'autres adjectifs
— poco cotto, troppo salato… —
et d'autres prénoms)

Allons voir si la galette est cuite

Allons voir si la galette est cuite, (bis)
Elle s'ra cuite demain,
Tirez les boudins !

La zia di Forlì

Io ho una zia, una zia di Forlì,
Che quando va a ballare con il piede fa così,
Così fa con il piede, con il piede fa così. (bis)

(... con la testa, la spalla, la gonna,
la mano, il cappello, etc.)

TIENS VOILÀ MAIN DROITE

Tiens voilà main droite,
Tiens voilà main gauche,
Tiens voilà main droite,
main gauche,
Tiens voilà les deux !

(... pied droit, œil droit,
fesse droite, etc.)

Il ragno, la mosca

Il ragno, la mosca,
Il ragno la mosca l'ammazza-za !
La piglia pel collo,
La piglia pel collo e la strozza-za !

Sardine et crocodile

Sardine et crocodile et cro-co-da-gue-dra,
Et ratchichi et ratchacha,
Sardine et crocodile et cro-co-da-gue-dra,
Ce ne sera pas toi le chat-chat-chat !
Miaou !

CUEILLONS LA ROSE

Cueillons la rose
Sans la laisser faner,
Elle est éclose, il faut la cueillir.
Cueillons, cueillons, cueillons...
Françoise est son amie.
En avant Françoise,
Demi-tour Françoise,
Belles, belles, belles,
En avant Françoise,
Demi-tour Françoise,
Belles, belles, embrassez-vous
Sur les deux joues
En caoutchouc
Sans faire de trou !

La bella lavanderina

La bella lavanderina che lava i fazzoletti
Per i poveretti della città.
Fai un salto,
Fanne un altro,
Fai la riverenza,
Fai la penitenza,
Guarda in sù,
Guarda in giù,   ) (bis)
Dai un bacio a chi vuoi tu.

LES COMMENTAIRES

INTRODUCTION

Cet album-CD présente des comptines françaises et italiennes. En italien, les comptines sont appelées *filastrocche*.

Seules les formulettes à compter et à désigner sont à proprement parler des comptines. Mais, pour plus de commodité, nous avons aussi regroupé sous ce terme des jeux de nourrice, des berceuses, des danses, des chansons et des formulettes de jeux.

On les retrouve dans toutes les cultures du monde. D'une langue à l'autre, les comptines sont cousines et nous nous sommes amusés à les marier. Les correspondances peuvent être thématiques, musicales ou gestuelles... Mais toutes nous parlent le langage du plaisir et de la poésie !

POURQUOI PRÉSENTER AUX JEUNES ENFANTS DES COMPTINES EN LANGUE ÉTRANGÈRE ?

Il faut d'abord redire toute la richesse de cette vieille tradition orale transmise par l'entourage de l'enfant. Il écoute, puis mime et chante ces textes et devient ainsi sensible au rythme, à la saveur de sa langue maternelle, à la poésie et à l'humour de sa culture.

À partir de cette tradition, nous souhaitons lui proposer une ouverture vers une autre langue, une autre culture, par un lent processus d'imprégnation. En effet, les jeunes enfants ont encore une souplesse qui leur permet d'imiter et d'assimiler avec facilité toutes les intonations des langues étrangères.

Il ne s'agit pourtant pas d'un « apprentissage » systématique : ces jeux, à la fois corporels et verbaux, doivent rester spontanés, fondés sur un climat de confiance et de complicité.

Nous souhaitons offrir à l'enfant une « sensibilisation » plus qu'une véritable « initiation » à l'italien.

C'est tout le plaisir de communiquer qui incitera l'enfant à dire et redire ces textes sans cesse et, au-delà des quelques jeux qu'ils entraînent, à comprendre et mémoriser de manière ludique et intuitive cette autre langue qu'est l'italien.

OÙ SONT LES TRADUCTIONS ?

Les traductions des textes français et italiens figurent à la fin du livre, et non en vis-à-vis des textes. C'est délibéré. Il est préférable en effet d'aborder une langue étrangère sans le recours systématique à la traduction.

On garde ainsi toute la saveur de la version originale, on évite la répétition inhérente à la traduction et surtout on n'isole pas les mots du contexte qui leur donne un sens puisque l'on propose à l'enfant de parler en situation (ici en situation de jeu) ; actif, il perfectionne ainsi son imitation et intègre comme un réflexe la syntaxe, la prononciation et le sens de la langue étrangère.

COMMENT L'ENFANT PEUT-IL COMPRENDRE CES COMPTINES ?

Là aussi, on peut faire le rapprochement avec le tout-petit qui ne parle pas encore. Il structure son langage et sa pensée grâce à ses perceptions sensibles (visuelles, sonores…). C'est par un constant aller-retour entre ce qu'il voit, ce qu'il entend, ce qu'il vit et dit qu'il élabore petit à petit sa compréhension.

Cet album est conçu pour inciter l'enfant, sollicité et accompagné par l'adulte, à établir des correspondances entre les différents repères dont il dispose avec le livre, le CD et surtout avec le jeu vécu à partir des différentes comptines.

COMMENT LES COMPTINES SE RÉPONDENT-ELLES ?

Les comptines cousines présentent plusieurs types de correspondances :

– **correspondances gestuelles**
L'enfant connaît généralement les comptines françaises et la gestuelle qui les accompagne. Celle-ci est proche (voire identique) de la gestuelle du (des) texte(s) italien(s). C'est grâce à cette gestuelle commune que l'enfant aborde les comptines italiennes, les comprend puis les mémorise.

– **correspondances thématiques**
Les sujets traités par les comptines françaises et italiennes associées sont souvent proches et donnent à l'enfant des indices sur le contenu des textes en langue étrangère.

– **correspondances visuelles**
Les illustrations sont des clefs de compréhension véritables car elles donnent à la fois une vision globale de l'histoire et des détails sur les lieux et/ou les personnages.

– **correspondances sonores**
Le CD propose, lui aussi, une illustration sonore significative par le choix des instruments, les arrangements, l'interprétation et les bruitages.

Mais l'enfant ne pourra s'aider de toutes ces correspondances que dans une situation vécue. L'adulte comme l'enfant doivent donc être actifs et jouer avec leur corps de façon aussi expressive que possible.
En effet, pour comprendre, l'enfant a besoin d'expérimenter par son corps. Dans les premières comptines (jeux avec l'adulte, chansons mimées), les gestes sont un soutien solide car ils sont très proches du sens du texte.

À QUEL ÂGE PEUT-ON COMMENCER ?

Il n'y a pas de réponse unique à cette question. On peut évidemment chanter et faire écouter dès le berceau les chansons et les berceuses. Les jeux de doigts et les comptines suivent tout naturellement le développement général de l'enfant. Faites confiance à vos intuitions. Allez vers ce qui motive votre enfant, ce qui aiguise sa curiosité.

Les comptines présentées ici s'adressent aussi aux plus grands, dans le cadre scolaire par exemple. Devant un groupe, le rythme sera différent, les activités pourront être plus variées et les jeux collectifs prendront un autre relief.

Une sensibilisation à une autre langue peut-elle concerner tous les enfants ?

Cette richesse culturelle s'affirme aujourd'hui comme une nécessité. Tous les enfants, et pas seulement ceux des familles « bilingues », sont concernés. Une approche précoce par le jeu favorise l'assimilation d'une langue étrangère.

À l'école comme dans la famille, on peut inviter les enfants à en faire la découverte. Plus tôt l'enfant aura été mis au contact d'une langue étrangère, moins il développera de blocages dans ses futurs apprentissages et plus il comprendra le jeu qui existe d'une langue à l'autre.

Quel est le rôle de l'adulte dans cette découverte ?

Pour créer chez l'enfant le désir de communiquer dans une langue étrangère, l'adulte doit lui-même exprimer son propre plaisir de découvrir cette langue avec lui.

Comme on le fait naturellement en français, on peut donc jouer et mimer ces comptines italiennes aux moments privilégiés d'échange, fréquents dans la vie de l'enfant.

Il faut aussi très vite mémoriser les paroles et les gestes des jeux pour les retrouver spontanément. Pour aider l'enfant, il est en effet très important de savoir « parler avec son corps ». La qualité des gestes de l'adulte (expressivité du visage, des mains, du corps) est primordiale pour la compréhension.

L'adulte peut être amené à répondre à un enfant qui l'interroge sur la signification précise des textes. On en fera alors le récit en évitant une traduction mot à mot. Mais surtout, on exploitera toute situation nouvelle qui permet de réutiliser, dans un autre contexte, les termes et expressions déjà rencontrés dans les comptines.

Comment utiliser les différents supports ?

Les différents supports (livre et CD) sont à la fois complémentaires et indépendants.

Pour découvrir le sens des comptines, on peut bien sûr utiliser en même temps le livre et le CD. Mais l'écoute du CD entier demande du temps. Il semble donc difficile de suivre page à page sur le livre avec de jeunes enfants.

Très vite, on exploitera donc séparément le livre et le CD.
Avec l'album, l'enfant explore les illustrations et peut retrouver, de mémoire, les comptines françaises ou italiennes qu'il commence à connaître.
Avec le CD, il peut profiter de la musique et chanter avec d'autres enfants, s'entraînant ainsi à mémoriser les textes.

Quelles exploitations peut-on faire de ces comptines ?

Certaines comptines se prêtent bien à une mise en scène. Avec des objets parfois très simples (marionnettes, peluches, poupées...) ou pourquoi pas en dessinant, l'adulte invente une situation de communication très riche.

On joue les différents personnages et, avec eux, on invente dialogues et récits créant ainsi un véritable « bain de langage ».

D'autre part, avec les explications des jeux traditionnels, nous présentons dans ces commentaires quelques suggestions pour en inventer d'autres, en particulier en italien, car les comptines peuvent être utilisées pour des jeux toujours renouvelés.

Michèle Moreau

Farfallina bella bianca
page 5

En ouverture, une ronde pleine de magie et de musicalité qui nous introduit de plain-pied dans l'univers chantant et coloré de l'Italie. C'est l'une des premières rondes chantées mimées de l'école maternelle (3-4 ans), autour de motifs chers aux enfants : le papillon et la fleur. Pendant que la ronde tourne dans un sens, un enfant désigné pour être la *farfallina bella bianca* volète à l'intérieur en sens contraire. Sur *Vola quà* et *vola là*, tout le monde s'arrête et la *farfallina* se place devant un enfant de la ronde. Sur le *fior* final, celui devant lequel il s'arrête devient à son tour la *farfallina*... et la ronde recommence. Ces rondes chantées et mimées offrent à l'enfant l'occasion de s'affirmer au sein d'un groupe, souvent avec force poésie, humour et fantaisie...

Pour les plus petits, les mains de l'adulte peuvent devenir le léger papillon de la chanson : elles virevoltent tendrement sur le visage et le corps de l'enfant, le frôlant ici et là pour le surprendre et le faire rire. Très vite, l'enfant anticipe et se prête avec délice à cet échange corporel et verbal rythmé par les paroles.

A beli bela
page 5

Cette ronde à s'accroupir met en scène une figure bien connue des petits Français, le célèbre *Pimpanicaille roi des papillons*, sans que son nom ne soit ici prononcé.

Le début *A beli bela, Roi des papillons* n'est pas sans rappeler la *Farfallina bella bianca* de la ronde italienne. Mais alors que le doux papillon de la comptine italienne s'acoquine avec les fleurs, le papillon de la comptine française, lui, marche d'un pas viril, se fait la barbe, se coupe le menton... et finit à terre. Comme dans *Dansons la capucine*, sur le *You !* final, tous les enfants se laissent en effet tomber par terre. Le roi des papillons placé au centre de la ronde doit en attraper un avant qu'il ne soit au sol. L'enfant attrapé devient à son tour le roi.

A beli bela,
Roi des papillons,
En s'faisant la barbe,
Il s'est coupé l'menton,
Tout rond.
You !

Questo è l'occhio bello
page 6

On retrouve dans toutes les langues ces petits jeux avec l'adulte (appelés enfantines, jeux de nourrice, risettes, etc.) qui vont stimuler le tout-petit par la voix, le geste et la caresse.
L'adulte effleure chaque partie du visage de l'enfant assis face à lui : ses yeux, sa bouche, puis son nez ; leur association à la famille (*suo fratello*) ou à un lieu connu de l'enfant (*la chiesina, il campanello*) lui plaît beaucoup. Le visage prend des allures de maison, et l'on y sonne avec plaisir. Rapidement, l'enfant mémorise la comptine pour jouer à son tour sur son propre visage et sur celui de l'adulte.

L'énumération peut s'élargir à *Questa è l'orecchietta* (Voici la petite oreille), *Questa è sua sorella* (Voici sa sœur).
Ce type de jeux, dans un climat affectif sécurisant, aide l'enfant à se construire. Il découvre son corps, celui de l'autre, et le plaisir de l'échange. Il devient sensible à la musique, à la poésie et à l'humour de la langue. Il s'empare des mots et des structures de la langue étrangère sans même s'en rendre compte.

Pleure, pleure, petit ramoneur
page 7

Cette enfantine, très douce, est utilisée pour calmer le bébé et le faire rire en le chatouillant (faire risette). L'enfant est très sensible à ces jeux de mimiques qui transforment le visage. Plus âgé, il peut s'amuser avec son propre visage devant la glace et adopter, en jouant avec les coins de sa bouche, les différentes mimiques évoquées dans la comptine, des pleurs aux rires.
Cela peut aussi être un jeu à deux, face à face, à la manière de *Jean-qui-rit et Jean-qui-pleure*. Au début du jeu, le visage est neutre. Puis en passant lentement sa main devant son visage, de haut en bas, on y installe la tristesse. À l'inverse, en remontant très lentement la main vers le haut, on installe l'expression de la joie. Le jeu peut se poursuivre à l'envi et l'enfant être tour à tour fâché, étonné, effrayé...

La mia nonna l'è vecchierella
page 8

La mia nonna est une chanson traditionnelle de la région de Milan. La mélodie du refrain est d'ailleurs très proche de celle du célèbre chant des partisans *Bella ciao*, inspiré d'un air traditionnel chanté par les femmes qui travaillaient durement dans les rizières de la vallée du Pô. Elle est le support d'un jeu de frappe dans les mains, l'un de ces jeux présents dans les cours de récréation, dont les règles complexes évoluent avec la dextérité des joueurs. Les enfants y jouent sans jamais se lasser. Deux par deux, face à face, ils tapent dans leurs mains puis dans la main droite de leur partenaire, de nouveau dans leurs mains, puis dans la main gauche de leur partenaire. La difficulté porte sur le mot *ciao* où l'enfant doit dans un même mouvement taper droite/gauche. En augmentant toujours plus le nombre des écus (cent-cinquante écus, deux cents écus, etc.), ce petit jeu peut durer longtemps... Et c'est toujours *troppo poco* !

Questo è l'occhio bello,

Questo è suo fratello,

Questa è la chiesina,

Questo è il campanello. Drin drin drin drin drin !

La mia
no-
nna
l'èvec-
chie...
Ciao!

À Paris y'a-t-une vieille
page 10

Voici une ronde joyeuse qui, avec ses personnages bien trempés et sa musique enlevée, se prête volontiers au mime et à la comédie. Les enfants, disposés en ronde, tournent en marchant d'un pas vif. Ils chantent et miment tous ensemble avec moult afféteries les différentes étapes de la chanson : minauder, se mirer dans un miroir en plaçant sa main devant son visage, questionner la servante en posant ses mains sur les hanches et en hochant la tête, etc. La chanson peut aussi être le support d'un jeu de frappe dans les mains.

Il cavallo del bambino
page 12

Comme les enfantines sur le visage, les petites chansons qui imitent les allures du cheval sont présentes dans toutes les langues. On les appelle trotteuses, sauteuses, jeux de renverse... Elles permettent de développer le sens de l'équilibre chez l'enfant qui joue à avoir peur sur les genoux de l'adulte. Il en existe d'innombrables variantes mais toutes associent étroitement jeux de mots et jeux moteurs, onomatopées et rythme, plaisir et crainte. Les enfants plus âgés aiment aussi à les chanter : le plaisir moteur de sauter sur les genoux de l'adulte et de perdre l'équilibre étant remplacé par le plaisir verbal d'énumérer en rythme et en accélérant les trois allures du cheval.

Dans cette célèbre comptine italienne, l'enfant est assis sur les genoux de l'adulte qui soulève alternativement le genou droit puis le genou gauche pour le faire bouger plus ou moins haut, plus ou moins vite dans un mouvement de roulis et de tangage qui va s'accélérant.

On connaît un autre final :
Il cavallo del papà
  Le cheval du papa
Sempre va, sempre va,
  Toujours va, toujours va,
Il cavallo della guerra...
  Le cheval de guerre...
Va... per terra !
  Va... par terre !

Il cavallo del bambino va pianino.
Il cavallo del vecchietto va zoppetto.

Il caval del giovanotto va di trotto.
Il caval del mio compare
Come il vento sa volare!

Les petites demoiselles
page 13

Dans cette sauteuse, originaire du Poitou-Charentes, il est question non seulement d'imiter le pas, le trot, le galop des chevaux mais aussi l'attitude des cavaliers qui les montent, faisant naître un cortège de personnages fort typiques.

Là encore, l'adulte joue sur le rythme, les accélérations et l'amplitude des sauts, prenant un malin plaisir à bringuebaler l'enfant dans tous les sens. Traditionnellement scandées, ces comptines peuvent aussi être chuchotées, les mots se transformant alors en onomatopées pour mimer le bruit des sabots sur le pavé.

Ambarabà cicì cocò
page 14

Dans les jeux collectifs, les comptines deviennent les garants de la règle du jeu ; ce sont des formules qui lient les joueurs par un pacte tacite, quasi magique. Souvent, les textes y sont extravagants. L'histoire rocambolesque de ces trois chouettes curieusement enamourées est sans doute la plus connue des *filastrocche* italiennes. L'onomatopée mystérieuse *Ambarabà cicì cocò* n'a aucune signification particulière : c'est la formule magique qui encadre la comptine et désigne à la fin celui qui va « s'y coller ». Les enfants placés en cercle chantent la comptine pendant que le meneur touche un à un les enfants jusqu'à la syllabe fatidique qui désigne l'exclu (ou l'élu !). Cette comptine est si fortement ancrée dans la culture populaire que les adultes continuent à dire « On va faire *Ambarabà cicì cocò* ! » lorsqu'ils doivent se départager et que le choix s'avère problématique...

Picnicdouille
page 14

Cette comptine remonte au Moyen Âge, du temps où l'on traitait les garçons un peu niais de « dépendeurs d'andouilles » ou de « niquedouilles » (nigauds). Elle peut également s'écrire *Pique, niquedouille, c'est toi l'andouille !* Là encore, un petit texte rempli d'humour et de mots étranges, présentant des personnages saugrenus, à la limite de la convenance, que l'on dit en scandant pour désigner celui qui va « s'y coller ».

L'uccellin che vien dal mare
page 15

Cette comptine à désigner, dans une version chantée douce et mélodieuse, se retrouve presque à l'identique en France : *Pe-ti-t'oi-seau-qui-vient-d'la-mer-com-bien-de-plum'-peut-il-por-ter ? – Trois ! Un, deux, trois ! Éliminé !* Quelquefois, au lieu de *trois* on répond *vingt-trois* (*ventitrè*) ce qui démultiplie d'autant le plaisir de l'attente pour savoir qui sera éliminé ! Plaisir de l'attente, plaisir toujours renouvelé du comptage.

Mortadella e pan biscotto
page 16

Le héros de cette histoire n'est autre que Pulcinella, l'un des personnages les plus célèbres de la *Commedia dell'arte* italienne (XVIe siècle). Avec son gros ventre et son nez crochu, il a toujours faim, une faim atavique que rien ne peut satisfaire. Ici, en dépit de la *mortadella* (sorte de gros saucisson, fameux mais très populaire et bon marché) et du *pan biscotto* (pain rassis passé au four), il meurt précisément de faim... Cette comptine à désigner, probablement originaire de Naples, s'ouvre par le plaisir d'égrener la suite des nombres.

Polichinelle
page 17

Lointain cousin du Pulcinella italien, le Polichinelle français est apparu au moment de la Fronde, en 1648. Insolent et vantard, il fait moult acrobaties et il lui arrive bien des malheurs. Personnage incontournable du théâtre de marionnettes aux XVIIIe et XIXe siècles, il reste de nos jours fort populaire auprès des enfants.

Il se retrouve ici au cœur d'un jeu de corde à sauter. Lorsque l'enfant joue seul, sur *barreau* il lâche sa corde qui en tombant va former des boucles par terre. Il poursuit alors la comptine en

Polichinelle monte à l'échelle ;

Un peu plus haut, se casse le dos ;
Un peu plus bas, se casse le bras ;

Encore plus haut, casse un barreau !

Et tombe dans l'eau !
Plouf !

posant son pied à l'intérieur et à l'extérieur des boucles. S'il n'y en a pas assez pour terminer la comptine ou s'il perd l'équilibre, il est éliminé. Lorsque les enfants jouent à plusieurs, deux enfants font tourner la corde tandis qu'un autre saute. Ceux qui tiennent la corde en font varier le niveau, soit plus haut, soit plus bas. Le but inavoué étant de faire trébucher celui qui est en train de sauter !

Pour les plus jeunes, il existe une version courte pouvant donner lieu à un jeu avec l'adulte.

La gallina
page 18

Voici la fameuse histoire de la poule qui termine tragiquement sa vie dans la marmite ! Dans cette fable populaire originaire de Vénétie, la peur le dispute à la gourmandise. Mais l'enfant ne boude pas son plaisir et finit par se lécher les babines : il pointe son index sur sa joue en le faisant tourner, geste typiquement italien, pour dire que c'est délicieux. Le thème familier de la poule et l'onomatopée à rallonge imitant son caquètement affolé ne manquent pas de séduire les enfants. Corocococooo !

J'ai des poules à vendre
page 20

Voici une autre chanson qui fait la part belle à Dame Poule, animal privilégié du bestiaire enfantin s'il en est, que ce soit dans les formulettes malicieuses, les douces berceuses ou les contes. Le début est chanté sur l'air entraînant de la *souris verte*, puis vient le décompte du refrain *Quatre, quatre pour un sou…* La partie finale scandée en fait parfois une comptine à désigner.

Cela peut également être une ronde que les enfants chantent en marchant à vive allure. À la fin, le meneur dit *Mademoiselle retournez-vous* et l'enfant désigné se retourne. Une fois que tous les enfants sont à l'envers, la ronde se casse et l'on recommence.

Mon premier a trouvé un œuf
Pauvre petit kiki !

Uno trovò un uovo
Mon premier a trouvé un œuf
page 22

Après le thème de la poule, celui de l'œuf… Pour ces jeux de doigts, tout en récitant la comptine avec emphase, l'adulte saisit fermement chacun des doigts de l'enfant en commençant par le pouce et en terminant par l'auriculaire. À la fin, il chatouille le creux de la main de l'enfant avec l'index pour imiter le poussin qui picore.

La main devient ainsi une scène de théâtre où chaque doigt se transforme en un personnage avec son caractère propre : le chanceux, le gentil, le méchant, le goinfre, le pauvre malheureux… Le jeu se termine souvent par un geste réconfortant ou amusant, chatouillis ou caresse dans le creux de la main ou sur la paume : *Pauvre petit kiki !* À la tension succède ainsi le rire. D'abord spectateur, l'enfant comprend et mémorise vite tous les rôles qu'il interprète à son tour.

Din don campanon !
page 25

Comme pour les sauteuses, ces jeux d'équilibre sur les genoux de l'adulte impliquent l'enfant dans son corps tout entier. Ils lui permettent de développer une attitude de confiance envers l'adulte. L'enfant balancé d'avant en arrière, parfois dans un mouvement très ample qui descend jusque par terre, doit contrôler des mouvements inhabituels, proches du déséquilibre. Il lui faut du courage pour vaincre la peur du renversement en arrière ou du changement brutal de direction. Souvent, une fausse chute finale ou un gros baiser, en déclenchant le rire, viennent calmer la tension.

Dans cette chanson, originaire de Vénétie, l'enfant est assis à califourchon sur les genoux de l'adulte. Tenu fortement par les mains, il se laisse balancer d'avant en arrière, sur les paroles et le rythme régulier de la comptine, jusqu'à *Per tagliare la testa al vento!* où il est envoyé en l'air.

Din din saint Sounin !
page 25

Originaire du Poitou-Charentes, cette comptine s'ouvre également au son du carillon. La gestuelle est la même, sauf qu'à la question *Qui les accrochent?* l'enfant reste maintenu un moment en suspens le plus haut possible sur les genoux de l'adulte avant d'être envoyé en l'air. Puis il dégringole dans le creux des genoux de l'adulte qui s'ouvrent progressivement jusqu'à le faire toucher terre. Et le jeu recommence à l'envi...

Ce jeu de balancement avec l'adulte est souvent repris par les enfants plus âgés

qui y jouent deux par deux, assis par terre jambes étendues, en se tirant par les mains comme dans le célèbre *Bateaux-ciseaux*. Ou encore, telle l'interprétation proposée sur le CD, il devient un jeu de questions/réponses.

La notte di Natale
page 26

Annoncée par les carillons, voici la nuit de Noël... Pour les enfants italiens, elle est placée sous le double signe de l'Enfant Jésus et de la Befana, deux personnages incontournables de la culture enfantine, l'un religieux, l'autre profane. Ce chant traditionnel, à la mélodie très douce, met en scène les personnages de la crèche de Bethléem. Dans un pays où la religion catholique, avec ses rites et ses fêtes, accompagne la vie quotidienne de chacun, il n'est pas étonnant que cette chanson de Noël prenne l'allure d'un cantique ou d'une berceuse chantée tendrement à l'oreille de l'enfant. En voilà un autre couplet, légèrement différent :

– *Sta' zitto, mio figlio,*
  – Tais-toi mon enfant,
Che adesso ti piglio.
  Je vais te prendre dans mes bras.
Del latte ti ho dato, il fuoco non c'è.
  Du lait je t'ai donné,
  du feu il n'y en a pas.
La neve sui monti
  La neige sur les montagnes
Scendeva dal cielo.
  Descendait du ciel.
Maria col suo velo copriva Gesù.
  Marie de son voile couvrait Jésus.

Din don campanon !.... Per tagliare la testa al vento !

Piove piove
page 28

Le folklore enfantin autour de la météo est très riche et il n'est pas rare de voir la pluie tambouriner dans les comptines. Mais si les grenouilles font la fête, la chatte de cette ritournelle traditionnelle va, elle, se coucher avec résignation. Sous son apparente simplicité, cette petite histoire explique à l'enfant les règles des comportements sociaux remplis d'interdits.

Mouille, mouille, Paradis !
page 29

Ce texte quelque peu décousu est probablement l'amalgame de deux comptines : une ancienne formulette autour de la pluie (les quatre premiers vers sont chantés sur l'air de *Tombe tombe tombe la pluie*) avec une comptine à éliminer mettant en scène une fratrie. Cette seconde partie requiert un effort de prononciation puisque les enfants doivent dire d'un seul tenant *Qui ramas'-de-la-lain'-pour-fair'-un-bonnet-à-son frèr'-Ja-cquet !*

La scansion des syllabes et la nécessité de retenir son souffle transforment cette phrase en une incantation magique qui procure beaucoup de plaisir à l'enfant.

La Befana vien di notte
page 30

En Italie, la Befana figure au nombre des traditions de Noël. La légende raconte que cette petite vieille était en train de balayer devant sa porte lorsque les Rois Mages en route pour fêter la naissance de l'Enfant Jésus sont passés dans son village. Ayant mis trop de temps à se préparer, elle n'aurait pu les accompagner et faire son cadeau à l'Enfant divin. Depuis, chevauchant son balai magique, elle vient la nuit de l'Épiphanie (d'où son nom) apporter cadeaux et friandises aux enfants sages. Et pour les moins sages, un morceau de charbon ou de parmesan dans la région de Venise ! Tantôt bienfaitrice bien-aimée, tantôt sorcière redoutée que l'on brûle, elle ne manque pas de fasciner les petits. Un jour, ils comprennent que la Befana n'existe pas, mais ils continuent à y croire pour le plaisir... *Crede ancora alla Befana !* Les déclinaisons de cette rengaine sont légion, en voici deux autres couplets :

La Befana vien di notte
   La Befana vient la nuit
Con le scarpe tutte rotte
   Avec des souliers tout percés
Con il cappello da bersaglier
   Avec un chapeau de bersaglier
La Befana è in ciel.
   La Befana est au ciel.

La Befana vien di notte
   La Befana vient la nuit
Con le scarpe tutte rotte
   Avec des souliers tout percés
Con le toppe alla sottana
   Avec une jupe rapiécée
La Befana è mia mamma.
   La Befana c'est maman.

Ninna nanna, ninna oh
page 31

Une *ninna nanna* en italien est une berceuse et dans beaucoup de langues (portugais, arabe, provençal) la *nine* ou le *néné* désigne l'enfant au berceau. Comme dans bon nombre de berceuses, la chanson menace d'abandonner l'enfant qui ne dort pas à un personnage terrifiant qui va venir le chercher dans la nuit. Une façon d'exorciser les frayeurs suscitées par la nuit et l'abandon au sommeil. Sont évoqués ici la *Befana*, puis *l'uomo nero* (le croquemitaine) tout habillé de noir avec son grand sac pour emmener les enfants récalcitrants... D'autres sorts tout aussi funestes sont parfois envisagés, comme ici :

Se lo do al gatto Mammone,
   Si je le donne au chat Mammone,
Se lo mangia in un boccone.
   Il le mange en une bouchée.

Fornaio, hai cotto il pane?
page 32

En Italie, ce jeu très codifié s'appelle le « jeu de la chaîne prisonnière ». À chaque couplet, il faut imaginer un défaut différent au pain : mal cuit, trop cuit, pas assez salé, etc.

Quand tous les enfants sont enchaînés, le chef de file (le premier joueur) et le boulanger (le dernier joueur) se rejoignent et se donnent la main pour s'accrocher l'un à l'autre formant ainsi un rond complet, dos au centre, qui représente le pain. Après avoir chanté une dernière fois le refrain, en tournant dans le sens inverse des aiguilles d'une montre, ils comptent *Uno, due, tre !* en montant leurs bras au-dessus de leur tête pour les décroiser et se retourner en même temps. Puis ils lâchent les bras, se retournent vers le centre du cercle et crient : *Ecco il pane !* (*Voici le pain !*) en tendant les bras devant eux, comme pour présenter le pain. Et le jeu recommence.

Allons voir si la galette est cuite
page 33

C'est bien connu, les enfants aiment la galette, surtout quand elle est bien faite ! Cette formulette du jeu de tresse n'est pas si simple qu'elle en a l'air : c'est à la fois un jeu à deux et un jeu collectif. En effet, les enfants deux par deux bras

— Fornaio, hai cotto il pane ?
— Sì, ma è un po' bruciato !
— Chi è stato ?
— Salvatore...

croisés se dirigent les uns vers les autres en chantonnant et en choisissant vers qui se diriger, puis ils s'arrêtent et, brusquement, en tirant sur leurs bras, changent complètement de direction, repartant en sens inverse vers d'autres partenaires. Ce changement brusque de direction, associé aux mots jubilatoires *Tirez les boudins,* déclenche une avalanche de rires et le jeu recommence inlassablement.

Allons voir si la galette est cuite,
Elle s'ra cuite demain,

Tirez les boudins !

La zia di Forlì
page 34

Voici une chanson mimée récapitulative pour jouer avec les différentes parties du corps et danser hardiment de la tête aux pieds. En suivant les consignes de la *zia di Forlì*, tous les enfants font le même geste en même temps. À chaque fois, un nouveau mouvement vient s'ajouter au mouvement précédent et l'on reprend toute l'énumération : *Con la spalla fa così... Con la testa fa così... Con il piede fa così...* Et bientôt c'est tout le corps qui est en train de bouger dans tous les sens à qui mieux mieux ! En voici une autre version, très proche :

Io ho una zia che abita a Forlì
   J'ai une tante qui habite à Forlì
Che quando va a ballare con il cappello fa così
   Quand elle va danser avec le chapeau elle fait ainsi
Così così così
   Ainsi ainsi ainsi
Con il cappello fa così
   Avec le chapeau elle fait ainsi
Così così così.
   Ainsi ainsi ainsi.

Tiens voilà main droite
page 35

Toujours pour jouer avec son corps, voici un jeu de mains frappé qui exige un sens de la coordination déjà bien développé. Pour les plus grands !
Continuez avec le pied (pointer le pied), l'œil (cligner de l'œil), la fesse (tortiller la fesse)... le but étant de passer tout le corps en revue.
On peut aussi mimer cette chanson en agitant simplement les membres un à un comme dans *Jean Petit qui danse*.

Il ragno, la mosca
page 36

Cette comptine transporte l'enfant dans un monde imaginaire où les mots et les sons se font écho pour donner naissance à une histoire saugrenue. Mais, au final, qui mange qui ? Dans ce jeu qui joue sur l'articulation, l'enfant se met en bouche ces onomatopées rageuses avec force grimaces et force rires. Une chanson des centres aérés pour se défouler : courte, cruelle, cocasse, les enfants ne s'en lassent pas, voire inventent de nouvelles formes verbales. Formant un large cercle (la toile d'araignée), ils avancent vers une mouche imaginaire placée au centre en soulevant leurs jambes le plus haut possible pour imiter les longues pattes de l'araignée et en prenant des airs terrifiants. Puis vient le moment d'étrangler la mouche... On peut y jouer aussi tout seul ou à deux en face à face.

Ces comptines se déclinent à l'envi :

Il ragno, la mosca
    L'araignée, la mouche
Il ragno la mosca l'acchiappa-pa
    L'araignée attrape-trape la mouche
La strizza, la strozza
    Elle l'essore, elle l'étrangle
E l'ammazza-za
    Et la tue-ue

Sardine et crocodile
page 37

Ces bêtes, la petite et la grosse, relèvent également d'un bestiaire étrange, drôle et inquiétant à la fois. Cette comptine joue avec des mots sauvages, *ratchichi* et *ratchacha*, *cro-co-da-gue-dra* prenant l'allure d'un virelangue ou d'un jeu de mots. Elle entraîne l'enfant dans un délire débridé où sardine, crocodile, rat et chat se frôlent pour mieux se croquer. La fin *Ce ne sera pas toi le chat !* montre que l'on s'en sert aussi comme d'une comptine à désigner.

Voici une autre version tout aussi coquine :

Sardine à l'huile
Que fais-tu là ?
Ouatchitchi ! Ouatchatcha !
Sardine à l'huile
Que fais-tu là,
C'est pas toi le chat-chat-chat !

Cueillons la rose
page 38

Voici une chanson mimée que l'on retrouve sous différentes versions. Tandis que la ronde tourne, un enfant se tient immobile au centre. À *Cueillons, cueillons, cueillons*, il choisit un enfant dans la ronde et le ramène au centre du cercle. Les deux enfants tournent en moulin dans un sens, puis dans l'autre. À la fin, la ronde s'arrête et ils s'embrassent. Celui qui était au centre va se placer dans la ronde et l'autre le remplace. À chaque fois, au lieu de *Françoise*, on nomme l'enfant qui est au centre.

La bella lavanderina
page 40

Autrefois, ces chansons de lavoir étaient fort nombreuses : elles accompagnaient le dur labeur des lavandières. De nos jours, c'est une ronde chantée mimée. Un enfant au milieu joue le rôle de la lavandière pendant que le reste des enfants tournent en chantant. La belle lavandière mime successivement les différentes injonctions : faire un saut, faire un autre saut, faire la révérence, faire la pénitence, regarder en haut, regarder en bas. Puis sur le dernier vers, en donnant un baiser à quelqu'un, elle choisit celui ou celle qui va devenir à son tour *la bella lavanderina*. Et la ronde repart pour un tour.

LES TRADUCTIONS

ITALIEN > FRANÇAIS

Farfallina bella bianca p. 5
Beau petit papillon blanc,
Vole, vole sans jamais se fatiguer,
Vole ici, vole là,
Puis s'arrête sur une fleur,
Puis s'arrête sur une fleur.

Questo è l'occhio bello p. 6
Voici le bel œil,
Voici son frère,
Voici la petite église,
Voici la sonnette.
Dring dring dring dring dring ! (bis)

La mia nonna l'è vecchierella p. 8
Ma grand-maman est un peu vieille,
Elle me fait : « Ciao ! » (bis)
Elle me fait : « Ciao, ciao, ciao ! »
Elle m'envoie à la fontaine
Chercher de l'eau pour préparer
   le repas.

À la fontaine, je ne veux pas aller,
Je te dis : « Ciao ! » (bis)
Je te dis : « Ciao, ciao, ciao ! »
À la fontaine, je ne veux pas aller
Chercher de l'eau
   pour préparer le repas.

Je te donnerai cinquante écus [...]
Pour aller chercher de l'eau
   pour préparer le repas.

Cinquante écus c'est bien trop peu [...]
Pour aller chercher de l'eau
   pour préparer le repas.

Je te donnerai cent écus [...]
À la fontaine je veux bien aller !

Il cavallo del bambino p. 12
Le cheval du petit enfant
Va doucement. (bis)
Le cheval du vieil homme
Va clopin-clopant. (bis)
Le cheval du jeune homme
Va au trot. (bis)
Le cheval de mon compère
Comme le vent vole dans l'air !

Ambarabà cicì cocò p. 13
Ambarabà cicì cocò
Trois chouettes sur la commode
Qui faisaient l'amour
Avec la fille du docteur,
Le docteur est tombé malade
Ambarabà cicì cocò.

L'uccellin che vien dal mare p. 15
Le petit oiseau qui vient de la mer
Combien de plumes peut-il porter ?
Il ne peut en porter que trois :
Une pour moi,
Une pour toi,
Et une pour la fille du roi.

Mortadella e pan biscotto p. 16
Un, deux, trois, quatre,
Cinq, six, sept, huit,
Mortadelle et pain rassis,
Pain rassis et mortadelle,
Pulcinella était mort.
Pulcinella avait un champ
Qu'il allait voir tous les jours.
Et quand il lui manquait
   une chose,
C'était la faute du mur ;
Quand il lui en manquait deux,
C'était la faute du bœuf ;
Quand il lui en manquait trois,
C'était la faute du roi...
Un, deux, trois, c'est à toi !

La gallina p. 18
Moi j'avais, moi j'avais une poule
Au plumage, au plumage tout doux,
Du matin au soir
Elle chantait, elle chantait si bien.
Cot cot cot codec !

Mais un jour, mais un jour,
   en revenant à la maison,
Je ne trouve plus, je ne trouve plus
   la poule
Qui chantait, pauvre poulette,
Qui chantait, qui chantait si bien.
Cot cot cot...

Je demande, je demande à ma mère
Où est passée, où est passée
   la poule.
- Dans la marmite qui mijote,
Qui mijote, qui mijote si bien.
Cot cot cot...

Je vous le jure, je vous le jure,
   chers amis,
Que j'ai pleuré, que j'ai pleuré,
   désespérée,
Mais lorsque je l'ai mangée :
Que c'était bon, que c'était bon,
   oh là là !

Uno trovò un uovo p. 22
Un a trouvé un œuf,
Deux l'a mis au feu,
Trois l'a cuit,
Et quatre l'a mangé,
Et cinq : « Piou piou piou,
J'en veux un peu moi aussi ! »

Din don campanon ! p. 23
Ding dong le bourdon* !
Quatre vieilles sur le balcon :
L'une qui file, l'autre qui coupe,
L'une qui fait des chapeaux de paille,
L'une qui fait des couteaux d'argent
Pour couper la tête du vent !

La notte di Natale p. 26
La nuit de Noël,
Est né un bel enfant
Blanc, rouge et tout bouclé.

Marie lavait les langes,
Joseph les étendait,
L'enfant pleurait du froid qu'il avait.

« Ne pleure pas mon fils
Car maintenant je te prends,
Du pain, je n'en ai pas,
   mais je te donne du lait. »

La neige descendait
Doucement du ciel.
Marie de son voile couvrait Jésus. (bis)

Piove piove p. 33
Il pleut, il pleut,
La chatte ne bouge pas,
Elle allume la chandelle
Et elle dit : « Bonsoir ! »

* grosse cloche

FRANÇAIS > ITALIEN

La Befana vien di notte p. 30
La Befana vient la nuit
Avec des souliers tout percés,
Avec une jupe rapiécée,
Laide et sale Befana !

La Befana vient la nuit
Avec des souliers tout percés,
Avec une robe à la « romaine »,
Vive, vive la Befana !

Ninna nanna, ninna oh p. 34
Dodo, l'enfant do,
Cet enfant, à qui je le donne ?
Si je le donne à la Befana,
Elle le garde une semaine.
Si je le donne au croquemitaine,
Il le garde une année entière.
Dodo, l'enfant do,
Cet enfant, je le garde pour moi !

Fornaio, hai cotto il pane ? p. 32
- Boulanger, as-tu cuit le pain ?
- Oui, mais il est un peu brûlé !
- C'est la faute à qui ?
- À Salvatore.
Pauvre Salvatore !
Lié avec des chaînes,
Qui a de la peine,
De la peine à en mourir.
- Boulanger, le pain est-il cuit ?
- Oui.
- Comment est-il ?
- Pas bien.
- C'est la faute à qui ?...

(pas assez cuit... trop salé...)

La zia di Forlì p. 33
J'ai une tante, une tante de Forlì,
Quand elle va danser avec le pied,
    elle fait ainsi,
Ainsi avec le pied, avec le pied
    elle fait ainsi.

(... avec la tête, l'épaule, la jupe,
la main, le chapeau, etc.)

Il ragno, la mosca p. 35
L'araignée, la mouche,
L'araignée tue la mouche,
    la tue-ue !
Elle la prend par le cou,
Elle la prend par le cou
    et l'étrangle-gle !

La bella lavanderina p. 30
La belle lavandière qui lave
    les mouchoirs
Pour les pauvres gens de la ville.
Fais un saut,
Fais-en un autre,
Fais la révérence,
Fais la pénitence,
Regarde en haut,
Regarde en bas,
Embrasse qui tu veux.

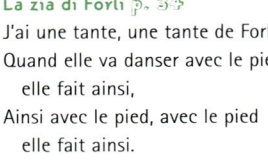

A beli bela p. 5
A beli bela,
Re delle farfalle,
Facendosi la barba,
S'è tagliato il mento,
Tutto tondo.
Iù !

Pleure, pleure, petit ramoneur p. 7
Piangi, piangi, piccolo spazzacamino.
Ridi, ridi, topolino.
E tu riderai gobbetto ?
Gatte, gatte, gatte !

À Paris y'a-t-une vieille p. 10
A Parigi c'è una vecchia (bis)
Di ottant'anni,
Tanto affascinante,
Di ottant'anni,
Tanto affascinantemente !

Tutti i giorni si mira, (bis)
In uno specchio d'argento [...]

Chiamò la sua serva (bis)
E le fece questa domanda [...]

– Mi dica dunque se sono bella (bis)
Con i miei ottant'anni [...]

– No, lei non è la più bella (bis)
Con i suoi ottant'anni [...]

Les petites demoiselles p. 13
Le piccole signorine
Vanno a piccoli passi, piccoli passi.
Beurdique, beurdoque. (bis)

I piccoli signori
Vanno al piccolo trotto,
    piccolo trotto...

I grossi contadini
Vanno al galoppo, al galoppo...

Picnicdouille p. 13
Picnicdouille,
Sei tu lo sciocco !
Io non mi sposerei
Con uno sciocco come te !

Polichinelle p. 17
Pulcinella monta sulla scala ;
Un po' più in alto,
    si rompe la schiena ;
Un po' più in basso,
    si rompe il braccio ;
Ancora più in alto,
    rompe un gradino !
E per penitenza riceverà
Tre colpi di bastone :
Eccone uno !
Eccone due !
Eccone tre !

J'ai des poules à vendre p. 30
Ho delle galline da vendere,
Delle nere e delle bianche,
Ne ho un granaio pieno,
Scendono le scale.
Quattro, quattro per un soldo,
Signorina, Signorina,
Quattro, quattro per un soldo,
Signorina, ne vuole?

Quante?
- Tre!
- Uno, due, tre!

Mon premier a trouvé un œuf p. 33
Il mio primo ha trovato un uovo,
Il mio secondo l'ha fatto cuocere,
Il mio terzo l'ha sgusciato,
Il mio quarto l'ha mangiato,
E il piu piccolo che dice:
« E io allora, non ho niente? »
Povero piccolino! (bis)

Din din saint Sounin! p. 25
Din din san Suonino!
Chi è morto?
Gianni del Porto.
Chi l'ha detto?
Il topolino.
E dov'è?
Nella cappella.
E cha fa?
Delle candele.
Chi le arrotola?
La sua figlioccia.
Chi le vende?
Il suo bambino.
Chi le appende?
Il vecchio Cristoforo.
Bum, badabum, bum, bum!

Mouille, mouille, Paradis! p. 29
Bagna, bagna, Paradiso!
Tutti quanti sono al riparo.
C'è soltanto il mio fratellino,
Che sta sotto la grondaia,
Che raccoglie della lana
Per fare un berretto
A suo fratello Giacometto!
Se è troppo grande,
Sarà per Giovanni!
Se è troppo piccolino,
Sarà per Luigino!

Allons voir si la galette est cuite p. 33
Andiamo a vedere se la galletta
   è cotta, (bis)
Sarà cotta domani,
Tirate le salsicce!

Tiens voilà main droite p. 35
Tieni ecco la mano destra,
Tieni ecco la mano sinistra,
Tieni ecco la mano destra
   e la mano sinistra,
Tieni eccole tutte e due!

(... piede destro, occhio destro,
chiappa destra, etc.)

Sardine et crocodile p. 37
Sardina e coccodrillo
   e coe-co-da-ghe-drà
E ratascisci e ratasciàscià
Sardina e coccodrillo
   e coe-co-da-ghe-drà
Non sarai tu il gatto-gatto-gatto!
Miao!

Cueillons la rose p. 38
Cogliamo la rosa
Senza farla appassire,
E sbocciata, bisogna raccoglierla.
Cogliamo, cogliamo, cogliamo...
Francesca è amica sua.
Avanti Francesca,
Mezzo giro Francesca,
Belle, belle, belle,
Avanti Francesca,
Mezzo giro Francesca,
Belle, belle baciatevi
Sulle due guance
Di gomma
Senza fare buchi!

℗ & © Didier Jeunesse, 2004
8, rue d'Assas – 75006 Paris
www.didierjeunesse.com
Suivi éditorial : Claire Lanaspre
Conception et réalisation graphiques : Isabelle Southgate
Partitions : Jean-Michel Corgeron
Photogravure : Arts Graphiques du Centre
Impression : Imprimerie Clerc

ISBN : 2-278-05487-2 – Dépôt légal : 5487/02
Achevé d'imprimer en France en février 2005
Loi n° 49-956 du 16 juillet 1949
sur les publications destinées à la jeunesse